Backen mit Christina

DAS MAGAZIN

MEINE LIEBEN LESERINNEN UND LESER!

Schon wieder September! Seid ihr noch mittendrin in der Sommerlaune oder schon langsam auf den Herbst eingestimmt? Bei mir ist es irgendwas dazwischen. Aber wer sagt eigentlich, dass man sich immer für eine Seite entscheiden muss? In dieser Ausgabe findet ihr jedenfalls Themen und Rezepte, die einfach das ganze Jahr über passen: Wir holen uns mit selbstgemachter Pizza die italienische Sonne und ein bisschen Urlaubsgefühl auf den Teller und versüßen uns den Nachmittagskaffee mit Honig-Gebäck. Oder mögt ihr es doch lieber herzhaft? Dann ist ein Körnerbrot mit Honig-Sauerteig vielleicht genau richtig für euch.

Natürlich gibt es auch rund um die Rezepte wieder viel zu entdecken. Zum Beispiel werdet ihr zu echten Pizza-Profis und erfahrt unter anderem: Seit wann gibt es Pizza Margherita? Was unterscheidet Pizzamehl von anderen Mehlen? Und wie macht man Pizza in der Pfanne? Wenn ihr von Pizza gar nicht genug bekommen könnt, lohnt es sich übrigens definitiv, einen Pizzaofen anzuschaffen – aber natürlich tut es ein Backofen ebenso.

Für den Fall, dass euch der Sinn doch nicht nach Teigkneten steht oder die Tage noch zu warm sind, um den Pizzaofen anzuheizen, blättert einfach zu S. 7. Von dort geht es sozusagen im Rundflug durch die faszinierende Welt von Honigbienen und Co., inklusive der Frage: Welche verschiedenen Honigsorten gibt es eigentlich?

Apropos fleißige Bienchen: Ich freue mich sehr, euch in dieser Ausgabe auch einen kleinen Blick in mein gerade neu erschienenes Backbuch geben zu können, an dem wir bienenfleißig die letzten Monate gearbeitet haben. Ihr seht, es gibt wieder viel zu entdecken – und zu genießen. Ich wünsche euch viel Spaß beim Lesen, Nachkochen bzw. -backen und einen schönen Start in den Herbst!

Eure

Christina

03

CHRISTINAS WELT

HONIG

14

18

PIZZA!

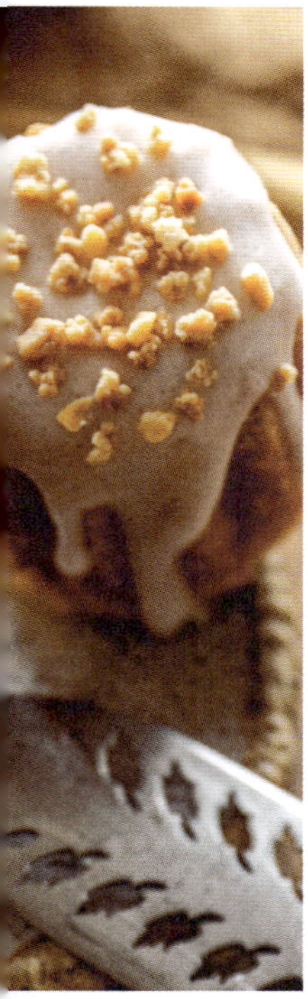

46

62

44

MEIN HERBSTMENÜ

H O

DAS WUNDER

N I G

Er ist der Klassiker unter den Süßungsmitteln: Honig! Und beim Stichwort „Klassiker" reden wir nicht von ein paar Jahrhunderten Tradition – sondern von tausenden von Jahren. Tatsächlich gibt es Höhlenmalereien in Spanien, die etwa 8000 Jahre alt sind und einen Menschen beim Honigsammeln zeigen. Damals hat man zwar aus dem Honig vermutlich noch keinen Käsekuchen (S. 20) oder anderes Backwerk gemacht. Aber es ist eindeutig ein Zeichen dafür, dass man mit dem flüssigen Gold ganz bestimmt nichts falsch macht. Warum genau Honig so eine wertvolle Zutat ist und was alles passieren muss, damit ein Glas Honig gefüllt werden kann – das erfahrt ihr auf den nächsten Seiten.

Fotos: Nadja Hudovernik

EIN GLAS VOLL GOLD

WAS HONIG ALLES KANN

Oder zwei, oder drei: Ich habe immer gleich mehrere Gläser Honig auf Vorrat. Denn einerseits backe ich unglaublich gerne damit, andererseits geht einfach nichts über frisch gebackenes Brot mit Butter und Honig … Dabei gibt es aber große Unterschiede zwischen verschiedenen Arten.

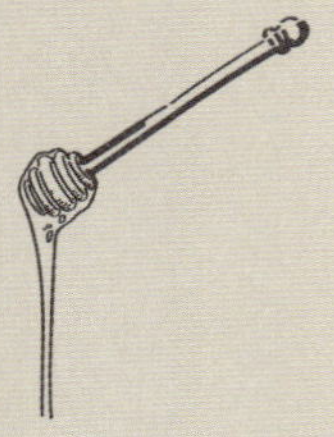

WALDHONIG

Waldhonig hat eine eher dunkle Farbe und im Vergleich zu anderen Sorten einen würzigen, intensiven Geschmack. Er entsteht dadurch, dass Bienen Honigtau sammeln. Dieser ist vor allem an Waldbäumen wie z. B. Fichten zu finden – daher der Name Waldhonig.

BLÜTENHONIG

Wieder ist der Name Programm: Der sehr helle, mild schmeckende Honig basiert ausschließlich auf dem Blütennektar von Obstbäumen, Wildblumen etc. Es handelt sich um eine Sammelbezeichnung für alle Honige, die auf diese Weise entstanden sind.

RAPSHONIG

Der ebenfalls sehr mild schmeckende Rapshonig wird aus Rapsblütennektar gewonnen und hat eine hellbeige, fast schon weiße Farbe. Im Vergleich zu anderen Honigsorten kristallisiert er besonders schnell. Wenn das passiert, besteht übrigens kein Grund zur Sorge: Wie alle anderen Varianten kann der Honig über einem Wasserbad einfach wieder flüssig gemacht werden.

AKAZIENHONIG

Der sehr helle, fast schon klare Akazienhonig stammt aus dem Nektar von Robinienblüten, die auch Scheinakazie genannt wird. Der Geschmack ist mild und die Konsistenz teilweise flüssiger als bei anderen Sorten (wie etwa Waldhonig).

LINDENHONIG

Ähnlich wie Akazienhonig ist Lindenhonig sehr hell und klar. Unterschiede in der Farbe sind hier eher untypisch, da der Honig ausschließlich aus Lindenblüten gewonnen wird. Besonders ist hier die leicht minzige Geschmacksnote.

TANNENHONIG UND FICHTENHONIG

Es handelt sich um Varianten von Waldhonig – die allerdings ganz bestimmte Bedingungen erfordern: Honigbienen können den Honigtau für Tannenhonig nur dort sammeln, wo genug Weißtannen wachsen.

SOMMERTRACHTHONIG

In diesem Mischhonig kommen Nektar und Honigtau von verschiedenen Blüten bzw. Pflanzen zusammen. Der Name sagt es schon: Diese „Grundzutaten“ werden von den Bienen im Sommer gesammelt. Die Geschmacksnoten und Aromen können sehr unterschiedlich sein – eben ganz klassisch eine Mischung.

OH, *Honey*

HONIG IST…

UNVER-ZICHTBAR

Zugegeben: Dieser Punkt betrifft nicht den Honig, sondern die, die ihn produzieren. Honigbienen tragen ganz wesentlich dazu bei, dass Pflanzenvielfalt erhalten bleibt – zum Beispiel stolze 90 Prozent aller Wildpflanzen. Beim Sammeln des Nektars bleiben nämlich die Blütenpollen an den Beinen der Bienen hängen. Die Pollen werden zu anderen Pflanzen getragen und diese so bestäubt. Anders gesagt: Ohne die fleißige Bestäubungsarbeit der Honigbienen könnte ein Großteil der Pflanzen nicht weiter existieren. Die Bienen spielen also eine wesentliche Rolle auch für uns Menschen.

EINFACH GUT FÜR UNS

Es hat gute Gründe, warum Honig sich seit so langer Zeit auf der Beliebtheitsliste ganz oben hält. Denn abgesehen davon, dass er als Süßungsmittel einfach richtig gut schmeckt, steckt er zudem voller Nährstoffe. Zu den Vitaminen B1, B2 und B6 gesellen sich Vitamin C, Kalzium, Eisen, Antioxidantien, Folsäure – kurzum, alles (und noch mehr), was der Körper für diverse essenzielle Abläufe braucht. Es gilt zwar natürlich wie immer: zu viel des Guten ist aufgrund des Zuckergehalts auch nicht empfehlenswert. Wenn ihr aber als Süßungsmittel beim Backen oder als Brotaufstrich am liebsten Honig wählt, ist das ganz bestimmt keine schlechte Entscheidung!

MEDIZIN

Honig steckt voller sogenannter Inhibine. Klingt kompliziert, meint aber ganz einfach: Substanzen, die Bakterien hemmen und eine antibiotische Wirkung haben. Dahinter steckt unter anderem die Tatsache, dass der hohe Zuckergehalt Keimen das Wasser entzieht und sie sich gleichzeitig im sauren Milieu schlecht vermehren können. Da ist es kein Wunder, dass Honig schon seit der Antike als Heilmittel eingesetzt wird – beispielsweise in Form von Oxymel, einer Mischung aus Honig und Essig. Ihr mögt es lieber weniger süßsauer? Dann ist Honig im Tee genauso empfehlenswert!

BALSAM FÜR DIE LIPPEN

Im Bienenstock hat Propolis eine antibakterielle und antivirale Wirkung und das ist hier nicht anders. Im Zusammenspiel mit dem hauseigenen Honig, etwas Bienenwachs und nativem Bio-Olivenöl aus Griechenland wirkt der Propolis-Lippenbalsam VOM REITER nicht nur entzündungshemmend, sondern spendet auch reichlich Feuchtigkeit.

MEHR VOM REITER GIBTS HIER →

Auf Weltreise

FÜR 1 GLAS HONIG

Honigbienen sind echte Ausdauerprofis: Wusstet ihr, dass für ein Glas Honig mit 500 Gramm die Honigbienen mindestens 25.000 Flugkilometer zurücklegen müssen?

Wie der Honig ins Glas kommt

Am Anfang der Honigentstehung lässt es sich die Honigbiene erstmal schmecken. Sie saugt Nektar aus Blüten oder nimmt Honigtau von den Blättern auf. Pro Flug transportiert sie dabei etwa 0,05 Gramm Nektar bzw. Honigtau. Diese Nahrung landet im sogenannten Honigmagen. Dort wird sie verdickt und, sobald die Biene wieder im Stock angekommen ist, in die Waben abgegeben. Die anderen Bienen sorgen dann dafür, dass der Nektar immer dickflüssiger wird – bis er am Ende zu Honig geworden ist, der von Imkern entnommen werden kann. Im Lauf eines ca. sechswöchigen Bienenlebens kann eine Biene durchschnittlich zwei Teelöffel Honig erzeugen. Beeindruckend, oder?

Für alle, die auf Bienen fliegen

Wild wachsende Obstbäume, Bergwälder und Wiesen, unbelastet von Spritz- oder Düngemitteln, dazu ein fürsorglicher Imker. Als Biene lässt es sich am HOF VOM REITER in Schladming vortrefflich leben.

Hier arbeiten Mensch, Natur und Tier schon seit 1736 zusammen, um richtig guten Honig zu machen. Und weil Honig so viel mehr kann als einfach nur gut zu schmecken, probieren wir auch immer wieder etwas Neues aus. Aber ganz egal, ob es nun ein Glas Blütenhonig oder eines unserer Pflegeprodukte ist: wo VOM REITER draufsteht, ist nur Natur drin. Und viel Herzblut von Ronald Royer, dem Imker VOM REITER.

Zu entdecken gibt es auch innovative Produkte wie Knisterkerzen, Dauerfeuer oder den lebendigen Blumenstrauß, die alle mit derselben Sorgfalt und Liebe zur Natur hergestellt werden.

Übrigens: Für ein Kilo Honig müssen die Bienen mindestens 50.000 Kilometer weit fliegen – mehr als einmal um die Welt. Für uns Menschen ist das zum Glück etwas einfacher, denn ihr könnt die Produkte ganz einfach unter vomreiter.at bestellen. Und natürlich sind sie auch dort zu haben, wo sie direkt am HOF VOM REITER.

Mit eurem Einkauf unterstützt ihr nicht nur die kleine Imkerei VOM REITER, sondern auch die abwechslungsreiche Vegetation unserer Heimat.

@ronald_vom_reiter

UNSERE
WICHTIGSTEN BESTÄUBER

Diese winzigen Insekten bestäuben unzählige Pflanzen und spielen eine entscheidende Rolle für unsere Umwelt und Ernährung. Ihre fleißige Arbeit macht sie zu unverzichtbaren Helfern der Natur.

SCHWEBFLIEGE

Wie der Name schon sagt, handelt es sich dabei um eine Fliege, nicht um eine Bienenart. Entsprechend hat die Schwebfliege auch keinen Stachel. Ähnlichkeiten zu Bienen gibt es aber doch, angefangen mit der gestreiften Optik. Genau wie Bienen sind Schwebfliegen außerdem Bestäuberinnen für viele Pflanzen.

HUMMEL

Die großen, pelzigen Insekten haben im Vergleich zu Bienen einen großen Vorteil: Durch ihre sehr lange Zunge gelangen sie auch an den Nektar in tiefen Blüten. Ein weiterer Unterschied besteht darin, dass Hummeln gerne „unter sich“ bleiben: Ihre Kolonien sind mit rund 500–600 Tieren deutlich kleiner als ein Bienenvolk, das aus 20.000 Bienen oder mehr bestehen kann.

WILDBIENE

Anders als Honigbienen sind Wildbienen nicht in großen Völkern zu finden. Im Gegenteil: Die Wildbiene lebt in der Regel solitär, also allein. Und die Lebenszeit ist dabei deutlich länger als bei Honigbienen. Sie kann bis zu einem Jahr betragen.

HONIGBIENE

An die Honigbiene denken wohl die meisten von uns, wenn wir „Biene“ hören. Sie spielt als Bestäuberin für die Landwirtschaft und den Erhalt von Pflanzenvielfalt eine unverzichtbare Rolle und lebt in großen Kolonien.

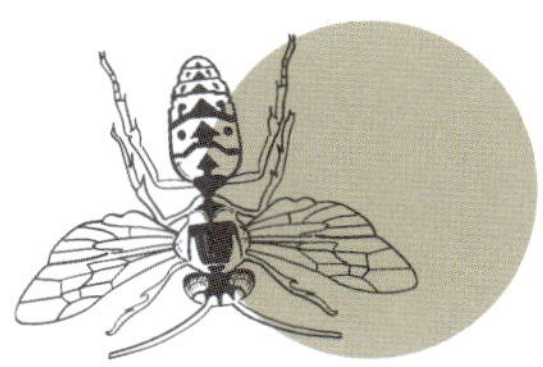

WESPE

Den besten Ruf genießen Wespen nicht – dabei hätten sie eigentlich genauso viel Respekt verdient wie Bienen und Hummeln. Wespen tragen nämlich dazu bei, dass sich weniger erwünschte Insekten nicht auf Nutzpflanzen ausbreiten, und sie erledigen ebenfalls wichtige Bestäubungsarbeit.

BIENENSTICH

LUFTIG + CREMIG = SO GUT

180 Grad *60 Minuten (ohne Rast- und Backzeit)*

ZUBEREITUNG

Aus den angegebenen Zutaten einen Germteig zubereiten und diesen bei Zimmertemperatur ca. 30 Minuten zugedeckt rasten lassen. Danach den Teig direkt auf einem mit Backpapier belegten Backblech auf die Größe des Backrahmens ausrollen und diesen um den Teig stellen.

Für den Belag die Butter mit Zucker, Milch und Honig aufkochen, danach die Mandeln einrühren und kurz mitkochen. Die noch warme Masse gleichmäßig auf dem Teig verteilen und ca. 10 Minuten rasten lassen.

Den Kuchen im vorgeheizten Backofen bei 180 Grad Heißluft ca. 25 Minuten backen, danach auskühlen lassen.

Für die Fülle zwei Drittel der Milch aufkochen, die restliche Milch mit dem Puddingpulver und dem Zucker verrühren und zur kochenden Milch geben. Unter konstantem Rühren nochmals kurz aufkochen.
Den Pudding komplett auskühlen lassen und währenddessen das Schlagobers aufschlagen. Sobald der Pudding kalt ist, das steif geschlagene Schlagobers vorsichtig unterheben.

Den vollständig ausgekühlten Kuchen zunächst halbieren und jede Hälfte einmal waagrecht durchschneiden. Die Fülle auf den Unterteilen verstreichen und die Oberteile wieder darauflegen.

ZUTATEN FÜR 1 BACKRAHMEN (30 X 25 CM)

Teig
250 g lauwarme Milch
1 Ei
100 g zimmerwarme Butter
42 g frische Germ (1 Würfel)
650 g Weizenmehl 700
100 g Zucker
7 g Salz

Belag
150 g Butter
100 g Zucker
2 EL Milch
2 EL Honig
200 g gehobelte Mandeln

Fülle
500 g Milch
1 Pkg. Vanillepuddingpulver
50 g Zucker
250 g Schlagobers

BACKEN MIT
Tipp
CHRISTINA

Den Pudding könnt ihr problemlos auch schon am Vortag zubereiten. Rührt ihn dann vor der Verarbeitung am besten kurz mit dem Mixer durch, damit keine Klümpchen entstehen.

Für dieses Rezept werden Mini-Gugelhupfförmchen benötigt. Diese findet ihr ganz einfach unter www.backenmitchristina.at, per QR-Code oder im Shop.

BIENEN-KÖRBCHEN

WENN'S SCHNELL GEHEN MUSS

175 Grad *20 Minuten (ohne Backzeit)*

ZUBEREITUNG

Für den Teig das Ei mit Öl und Honig schaumig rühren. Nun nach und nach die restlichen Zutaten unterheben und nochmals alles gut miteinander verrühren.

Die Förmchen einfetten, mit Semmelbröseln bestreuen und den Teig einfüllen. Im vorgeheizten Backofen bei 175 Grad Heißluft ca. 20 Minuten backen, dann die Küchlein aus der Form stürzen und abkühlen lassen.

Für die Glasur Naturjoghurt und Staubzucker gut miteinander verrühren und die vollständig abgekühlten Küchlein damit verzieren. Nach Belieben mit Krokant bestreuen.

ZUTATEN FÜR CA. 12 MINI-GUGELHUPFFÖRMCHEN (ALTERNATIV: MUFFINFÖRMCHEN)

Teig
1 Ei
80 g Öl
140 g Honig
280 g Weizenmehl 700
8 g Backpulver
200 g gehackte Mandeln
200 g Naturjoghurt

Für die Form
10 g Butter
10 g Semmelbrösel

Glasur
20 g Naturjoghurt
100 g Staubzucker
Krokant nach Belieben

HONIG-HAFERFLOCKEN KEKSE

PERFEKT FÜR DIE VORRATSDOSE

170 Grad *10 Minuten (ohne Backzeit)*

ZUBEREITUNG

Aus den angegebenen Zutaten einen zähen Teig zubereiten.

Mit einem nassen Teelöffel walnussgroße Portionen abstechen, auf ein mit Backpapier belegtes Backblech legen und mit dem Löffel etwas flach drücken.

Im vorgeheizten Backofen bei 170 Grad Heißluft ca. 15 Minuten backen.

ZUTATEN FÜR CA. 20 KEKSE

Teig
100 g Honig
80 g zimmerwarme Butter
1 Ei
100 g gehackte Mandeln
180 g Haferflocken
60 g Dinkelmehl 700/900
1 Prise Zimt
1 Prise Salz

Miele Tipp

Miele Dampfbackofen

Das Programm Combigaren Heißluft Plus wählen und mit 210° C und 100 % Feuchte vorheizen. Das Brot in der unteren Schiene auf den Rost in den vorgeheizten Dampfbackofen schieben und nach 35 Minuten die Feuchte für die restlichen 15 Minuten auf 30 % reduzieren.

Miele

KÖRNERBROT MIT HONIG-SAUERTEIG

FÜR DIE BESONDERE NOTE

210 Grad *30 Minuten (ohne Rast- und Backzeit)*

ZUBEREITUNG

Am Vortag
Für den Vorteig 50 g vom Sauerteigansatz aus dem Kühlschrank nehmen und mit Roggenmehl und Wasser vermischen. Anschließend bei Zimmertemperatur 6–8 Stunden zugedeckt rasten lassen, bis der Sauerteig wieder Bläschen bildet.

Am Backtag
Für den Brotteig den Körndl-Mix mit heißem Wasser übergießen und ca. 30 Minuten quellen lassen. 220 g vom gefütterten Sauerteig entnehmen und den Rest in einem Schraubglas bis zur nächsten Verwendung in den Kühlschrank stellen.

Das lauwarme Wasser und die eingeweichten Körner in eine Rührschüssel geben, dann die restlichen Zutaten hinzufügen. Alles kurz zu einem weichen Teig verkneten und diesen anschließend bei Zimmertemperatur 6–8 Stunden zugedeckt rasten lassen.

Nach der Rastzeit den Teig zu einem länglichen Wecken formen, in eine eingefettete Kastenform legen und mit Wasser besprühen. Im vorgeheizten Backofen bei 210 Grad Heißluft ca. 50 Minuten mit viel Dampf backen.

ZUTATEN FÜR 1 KASTENFORM

Vorteig
Sauerteigansatz (aus dem Kühlschrank)
110 g Roggenmehl 960
110 g Wasser

Brotteig
100 g Körndl-Mix (Sonnenblumenkerne, Leinsamen, Sesam etc.)
220 g Sauerteig
300 g lauwarmes Wasser
100 g Roggenmehl 960
200 g Dinkelmehl 900
200 g Dinkelvollkornmehl
15 g Salz
30 g Honig

HONIG KÄSEKUCHEN

SO SAFTIG!

180 Grad *40 Minuten (ohne Backzeit)*

ZUBEREITUNG

Für den Boden die Butter in einem Topf bei geringer Hitze schmelzen lassen, dann nach und nach den Honig einrühren. Die Haferflocken mit braunem Zucker mischen und mit der Butter-Honig-Masse vermengen.

Den Boden der Tortenform mit Backpapier auslegen, drei Viertel der Masse darauf verteilen, etwas festdrücken und auch am Rand hochziehen. Im vorgeheizten Backofen bei 180 Grad Heißluft ca. 10 Minuten vorbacken. Die restliche Butter-Honig-Haferflocken-Masse in einer Schüssel beiseitestellen.

Für die Füllung währenddessen die Schale der Zitrone abreiben und danach die Zitrone auspressen. Die Vanilleschote längs einritzen und das Mark herauskratzen. Die Eier trennen und die Eiklar mit einer Prise Salz zu einem steifen Schnee schlagen. Die Dotter mit den restlichen Zutaten verrühren, dann den Eischnee unterheben.

Die Topfenmasse auf dem vorgebackenen Boden verteilen und weitere 60 Minuten fertig backen. Anschließend den Kuchen über Nacht auskühlen lassen. Vor dem Servieren mit der übrigen Haferflocken-Mischung bestreuen.

ZUTATEN FÜR 1 TORTENFORM (DURCHMESSER 20 CM)

Boden
150 g Butter
50 g Honig
300 g Haferflocken
60 g brauner Zucker

Füllung
1 Bio-Zitrone
1 Vanilleschote
3 Eier
1 Prise Salz
500 g Topfen
60 g Vanillepuddingpulver
100 g Honig

BACKEN MIT Tipp CHRISTINA

Falls die Oberfläche zu dunkel wird, könnt ihr sie während des zweiten Backvorgangs mit etwas Alufolie abdecken.

HONIG APFELKUCHEN

DIE ERSTEN HERBSTTAGE KÖNNEN KOMMEN

175 Grad *35 Minuten (ohne Backzeit)*

ZUBEREITUNG

Den Zucker mit Honig und Butter schaumig rühren. Die Eier nach und nach einrühren, bis die Masse luftig und hell ist. Das Mehl mit Backpulver vermischen und unterheben.

Die Äpfel schälen, entkernen, in kleine Würfel schneiden und ebenfalls zum Teig geben und vermengen.

Den Backrahmen auf ein mit Backpapier belegtes Backblech stellen und die Masse einfüllen. Den Kuchen im vorgeheizten Backofen bei 175 Grad Heißluft ca. 25 Minuten backen. Vor dem Servieren mit Staubzucker bestreuen.

ZUTATEN FÜR 1 BACKRAHMEN (25 X 25 CM)

Teig
90 g Zucker
90 g Honig
180 g zimmerwarme Butter
4 Eier
180 g Weizenmehl 700
16 g Backpulver
2 Äpfel

Zum Bestreuen
Staubzucker

APFELKÜCHLEIN

KLEIN UND FEIN

170 Grad *40 Minuten (ohne Rast- und Backzeit)*

ZUBEREITUNG

Aus den angegebenen Zutaten einen Mürbteig zubereiten und diesen 1 Stunde zugedeckt im Kühlschrank rasten lassen.

Für die Fülle währenddessen die Äpfel schälen, entkernen und fein blättrig schneiden. Die restlichen Zutaten dazugeben und alles gut vermischen.

Nach der Rastzeit zwei Drittel des Mürbteigs ca. 8 mm dick ausrollen und mit einem Dessertring 8 Kreise als Böden ausstechen. Die Böden jeweils samt Dessertring auf ein mit Backpapier belegtes Backblech stellen. Die Fülle gleichmäßig auf den Böden verteilen.

Den restlichen Teig mithilfe eines Motivrollers (nach Wunsch) ausrollen und 8 Deckel für die Küchlein ausstechen. Die Deckel in die befüllten Dessert-ringe setzen und die Küchlein im vorgeheizten Backofen bei 170 Grad Heißluft ca. 30 Minuten backen.

ZUTATEN FÜR 8 DESSERTRINGE (DURCHMESSER 8 CM)

Teig
250 g Weizenmehl 700
130 g Butter
90 g Zucker
1 Ei

Fülle
5 Äpfel
20 g geriebene Haselnüsse
50 g Honig
Saft von 1 Zitrone
1 Prise Zimt
1 EL Rum nach Belieben

BACKEN MIT CHRISTINA

Tipp

Für dieses Rezept werden Dessertringe benötigt.

Urli-Omas GEHEIMNIS

Sauer macht lustig – und ist gesund!

Kein Wunder, dass Sauerkraut seit Jahrhunderten so beliebt ist: Es schmeckt nicht nur gut, sondern steckt auch voller wertvoller Nährstoffe. Im Kochbuch meiner Urli-Oma habe ich ein Rezept für die gedünstete Variante entdeckt und finde, es ist das perfekte Rezept für die ersten kühleren Herbsttage. Das Beste daran: Es ist gar nicht aufwendig – viel Spaß beim Ausprobieren!

Viel Spaß beim Lesen und Nachmachen!

Gedünstetes Sauerkraut

Zutaten
100 g Speck
1 Zwiebel
20 g Zucker
1 Löffel Essig
1 Paprika (rot)
Salz, Pfeffer
750 g Sauerkraut
20 g Mehl
125 g Gemüsesuppe

Man schneidet den Speck kleinwürfelig und lässt ihn goldgelb anlaufen. Dann gibt man die fein gehackte Zwiebel und Zucker hinzu und röstet alles braun.

Anschließend fügt man Essig, klein geschnittene Paprika, Salz, Pfeffer und das Sauerkraut hinzu. Das Ganze wird langsam weich gedünstet. Zum Schluss stäubt man das Mehl darüber und gießt mit Gemüsesuppe auf.

Sauerkraut

ALS BEILAGE

1 Zwiebel
3 EL Öl
1 EL Zucker
1 EL Weizenmehl 700
125 g Wasser
etwas Suppenpulver
50 g Butter
500 g Sauerkraut

ZUBEREITUNG

Für das Sauerkraut die Zwiebel schälen und in grobe Ringe schneiden. Öl in einem größeren Topf erhitzen, Zucker beigeben und leicht braun werden lassen (Achtung: Das geht sehr schnell.) Die Zwiebelringe dazugeben und kurz mitrösten. Mit dem Mehl bestäuben und mit Wasser ablöschen. Das Suppenpulver und Butter dazugeben, alles gut verrühren und das Sauerkraut hinzugeben. Das Ganze ca. 30 Minuten zugedeckt köcheln lassen. Dazwischen hin und wieder umrühren.

Urli-Omas
GEHEIMNIS

FLEISCHKRAPFEN

HERZHAFT UND KNUSPRIG

60 Minuten (ohne Rastzeit)

ZUBEREITUNG

Für den Teig aus den angegebenen Zutaten einen Germteig zubereiten und diesen zugedeckt bei Zimmertemperatur 30 Minuten rasten lassen.

Für die Fülle währenddessen das Schweinefleisch kochen und auskühlen lassen, dann das gesamte Fleisch sehr fein hacken. Zwiebel und Knoblauch schälen, klein schneiden und in Öl anschwitzen. Zum gehackten Fleisch geben und mit den frischen Kräutern vermengen. Nach Belieben würzen und beiseite stellen.

Nach der Rastzeit den Teig auf eine bemehlte Arbeitsfläche geben. Jeweils ca. 60 g schwere Teigstücke abstechen, rund ausziehen und ca. 1 EL von der Fülle mittig auf den Teig setzen. Den Krapfen gut verschließen und in heißem Öl oder alternativ Butterschmalz goldbraun herausbacken.

Das Sauerkraut laut Rezept auf S. 28 zubereiten.

Die Fleischkrapfen zusammen mit dem Sauerkraut servieren.

ZUTATEN FÜR 4 PERSONEN

Teig
500 g Weizenmehl 700
50 g Roggenmehl 960
50 g Weizenbrotmehl 1600
120 g Buttermilch
200 g Milch
20 g frische Germ
1 Ei
12 g Salz

Fülle
700 g geselchtes Schweinefleisch
1 Zwiebel
2 Knoblauchzehen
2 EL Öl
frischer Majoran, Petersilie, Schnittlauch (alternativ: getrocknet)

Zum Ausbacken
1 l Öl (alternativ Butterschmalz)

1 LÖFFEL
ITALIEN
GAAAAAANZ
VIEL KÄSE
1 HANDVOLL
LIEBE

PIZZA!

RUNDUM GLÜCKLICH

„Hm, heute hab ich keine Lust auf Pizza“ – diesen Satz habe ich persönlich noch nie gehört. Im Gegenteil, mit Pizza kann man einfach nie etwas falsch machen. Oder doch? Dieser Frage gehen wir auf den nächsten Seiten nach. Hier erfahrt ihr alles über die perfekte Pizza von zu Hause: Wie unterscheidet sich Pizza aus der Pfanne von der Variante aus dem (Pizza-)Ofen? Welches Mehl ist am besten geeignet? Und wenn der Pizza-Hunger jetzt schon allzu groß ist, blättert einfach weiter zu den Rezepten ab S. 36.

Fotos: Nadja Hudovernik

DIE PERFEKTE PIZZA

DOLCE VITA FÜR DAHEIM

Eine gute Pizza bleibt im Gedächtnis, keine Frage. Und dafür müsst ihr gar nicht erst nach Italien reisen: Eure Lieblingspizza könnt ihr mit den richtigen Grundlagen jederzeit auch zu Hause zubereiten. Zu diesen Grundlagen gehört unter anderem das Mehl. Damit ihr bestens vorbereitet seid, findet ihr hier die wichtigsten Fakten zusammengefasst.

WARUM EIGENTLICH PIZZAMEHL?

Eine Zutat, die in meinem Vorratsschrank immer zu finden ist? Pizzamehl! Denn natürlich ist es grundsätzlich möglich, auch mit doppelgriffigem Mehl (z. B. Typ 480 oder 700) einen Pizzateig herzustellen. Aber: Weizen-Pizzamehl (Typ 00) hat im Vergleich zu diesen Typen einen besonders hohen Proteingehalt. Das „Klebereiweiß" Gluten kann sich sehr gut entwickeln, wodurch der Teig schön geschmeidig wird – und die Kruste extra luftig. Mit regulärem Weizenmehl, wie man es etwa für das Kuchenbacken verwendet, fällt der Teig vergleichsweise weniger elastisch und mitunter etwas zäher aus.

NIEMALS OHNE TOMATENSAUCE

Wenn ihr nicht gerade eine Pizza Bianca, also eine „weiße" Pizza ohne Sauce, zubereiten wollt, führt um die klassische Tomatensauce kein Weg herum. Wie so oft in der italienischen Küche gilt dabei: Warum kompliziert, wenn es ganz einfach geht? Mit hochwertigen Zutaten und dem richtigen Timing steht der perfekten hausgemachten Pizzasauce nichts im Weg. Ein wesentlicher Punkt ist hier, dass die Sauce nicht zu lange kochen sollte. Ich lasse sie immer nur so lange köcheln, bis sie etwas eingedickt ist. Abgesehen davon ist es am besten mit den Gewürzen nicht zu übertreiben: Ganz einfach könnt ihr es euch mit einer Gewürzmischung machen – mehr dazu auf der rechten Seite.

Schon gewusst, dass ...

... die weltweit beliebteste Pizzasorte die klassische Margherita ist? Tomate, Mozzarella und Basilikum: Diese unschlagbare Kombination ist alles, was es an Belag braucht. Der Name geht übrigens auf die italienische Königin Margherita di Savoia zurück – für sie wurde die Pizza 1889 kreiert. Der Gedanke dahinter: die rot-weiß-grüne Farbkombination spiegelt die italienische Flagge wider.

WAS IST EIGENTLICH DRIN?

PIZZA GEWÜRZ

Italien und Gewürze: Da fällt wohl den meisten von uns zuerst Basilikum ein. Aus gutem Grund, denn das würzige Aroma darf bei einer Pizza nicht fehlen. Es ist aber erst der Anfang und wird in einem Pizza-Gewürz abgerundet durch Rosmarin, Thymian und Oregano sowie oft auch Knoblauch- und Zwiebelgranulat, Paprikapulver und Chiliflocken. Das Ergebnis ist die perfekte Ergänzung zum milden Käse und der fruchtigen Tomatennote. Und wenn mal keine Zeit zum Teigkneten oder Pizzabacken bleibt, eignet sich die mediterrane Mischung genauso gut für eine schnelle Pasta. Kurz gesagt: Pizza-Gewürz hat sich auf jeden Fall seinen Platz im Gewürzregal verdient!

PIZZA- UND PASTAGEWÜRZ

Gönn dem Pizzaboten eine Pause.

Mit diesem Gewürzklassiker von SONNENTOR werdet ihr im Handumdrehen zum Pizza-und-Pasta-Profi. Mediterrane Kräuter wie Basilikum, Oregano und Thymian sind die Zutaten dieser Mischung, die euch Stück für Stück näher zum Pizzaglück bringt. Ideal auch zum Würzen von italienischen Klassikern wie Pasta, Bruschetta und Minestrone. Macht euch auf zu einer Geschmacksreise nach Bella Italia.

www.sonnentor.com

AB IN DIE PFANNE

SO GEHT PIZZA AUF DEM HERD

Teig vorbereiten: *Den Pizzateig laut Grundrezept (S. 36) zubereiten und rund ausrollen.* ***Pfanne vorbereiten:*** *Eine beschichtete Pfanne auf mittlerer bis hoher Stufe erhitzen.* ***Teig backen:*** *Den ausgerollten Teig in die heiße, mit Öl bestrichene Pfanne geben und ca. 2–3 Minuten backen, bis die Unterseite goldbraun und knusprig ist. Anschließend wenden, die Hitze etwas reduzieren und die heiße Pizza sofort nach Wunsch bestreichen bzw. belegen, z. B. mit Tomatensauce, halbierten Cocktailtomaten und Mozzarellastücken.* ***Weiterbacken:*** *Den Deckel auf die Pfanne legen und die Pizza weitere 3–5 Minuten backen, sodass der Käse (falls verwendet) schmilzt und der Boden fertig durchbäckt. Die Pizza aus der Pfanne auf einen großen Teller schieben, nach Belieben in Stücke schneiden und servieren – Mahlzeit!*

DER KLASSIKER:

PIZZA AUS DEM OFEN

Wenn ihr es lieber klassisch mögt, ist der Backofen natürlich eine gut geeignete Alternative zur Pfanne oder dem Pizzaofen. Für die perfekte Pizza aus dem Ofen gibt es ein paar kleine Tricks, die aber einen großen Unterschied machen können – auch hier gilt: am besten ausprobieren! **Vorheizen:** Heizt den Ofen rechtzeitig und möglichst auf die maximale Temperaturstufe vor. **Pizzastein verwenden:** Mit einem Pizzastein wird die Kruste knuspriger. **Teigdicke:** Je dünner der Teig, desto schneller ist er durchgebacken und desto gleichmäßiger wird das Ergebnis. **Backzeit:** Schon nach 8–12 Minuten ist die Pizza in der Regel fertig gebacken. Das erkennt ihr daran, dass der Käse geschmolzen und die Kruste goldbraun ist. **Klappe zu:** Die Ofenklappe sollte während des Backens auf jeden Fall geschlossen bleiben, damit keine Temperaturschwankungen auftreten.

ANANAS & PIZZA

Auf jeden Fall!

Echte Pizza-Hawaii-Fans schwören auf die Geschmackskombination von süßer Ananas und pikanten Pizza-Komponenten wie Tomatensauce und Käse. Auch der Kontrast zwischen knackiger Frucht und weichem Teig ist bei vielen Menschen beliebt. (Übrigens: Erfunden wurde die Pizza Hawaii nicht etwa auf der Inselgruppe, sondern in der Provinz Ontario in Kanada – von dem griechischen Koch Sotirios Panopoulos.)

Ganz sicher nicht!

Auf der Kontra-Seite stehen alle, die Ananas auf Pizza fast schon als Beleidigung empfinden – was hat denn süßes Obst auf einer herzhaften Pizza verloren, und dann auch noch im warmen Zustand?

Abgesehen von individuellen Vorlieben gibt es nichts, was gegen diese Kombination spricht – aber die Geschmäcker sind eben verschieden!

Tomatensauce

SELBSTGEMACHT

1 Zwiebel
1 Knoblauchzehe
2 EL Öl
300 g fein passierte Tomaten
1 EL Tomatenmark
Salz, Pfeffer, Zucker
Sonnentor Pizza- & Pastagewürz
(alternativ mediterrane
Kräuter nach Belieben)

ZUBEREITUNG

Die Zwiebel und die Knoblauchzehe schälen, fein schneiden und in Öl anrösten. Mit den passierten Tomaten aufgießen, das Tomatenmark dazugeben und mit Salz, Pfeffer, Zucker und Pizzagewürz oder Kräutern abschmecken. Die Sauce köcheln lassen, bis sie etwas eingedickt ist.

PIZZA GRUNDTEIG

FÜR JEDEN TAG UND EINFACH IMMER WIEDER

250 Grad | Stufe 2,5 *35 Minuten (ohne Rast- und Backzeit)*

ZUBEREITUNG

Am Vortag

Für den Vorteig das Wasser mit Pizzamehl und Germ glattrühren und bei Zimmertemperatur 12–16 Stunden in einem geschlossenen Behälter rasten lassen.

Am Backtag

Für den Pizzateig die restlichen Teigzutaten zum Vorteig geben und alles für ca. 10 Minuten verkneten. Anschließend nochmals bei Zimmertemperatur 15 Minuten rasten lassen.

Nach der Rastzeit den Teig in drei Teile aufteilen, diese laut Schritt-für-Schritt-Anleitung (S. 36) falten und die Kugeln wieder in einen geschlossenen Behälter geben. Nochmals bei Zimmertemperatur 3–4 Stunden rasten lassen.

Nach der Rastzeit ausrollen, mit Tomatensauce bestreichen, nach Belieben belegen und im vorgeheizten Pizzaofen bei Stufe 2,5 ca. 5 Minuten oder alternativ im vorgeheizten Backofen bei 250 Grad Heißluft ca. 10 Minuten backen.

ZUTATEN FÜR 3 PIZZEN

Vorteig
200 g Wasser
200 g Pizzamehl
1 erbsengroßes Stück frische Germ

Teig
300 g Pizzamehl
100 g Wasser
12 g Salz
2 g frische Germ

BACKEN MIT Tipp CHRISTINA

Der Pizzateig kann auch bis zu 6 Monate als Kugel oder ausgerollt eingefroren werden.

PIZZA RUCOLA

EIN ECHTER KLASSIKER

250 Grad | Stufe 2,5 *35 Minuten (ohne Rast- und Backzeit)*

ZUBEREITUNG

Den Teig laut Grundrezept zubereiten. Nach der Rastzeit den Teig in 3 Teile teilen, diese laut Anleitung auf S. 36 zu Kugeln formen und die Kugeln zu einer flachen Scheibe ausziehen. Mit Tomatensauce bestreichen und im vorgeheizten Pizzaofen bei Stufe 2,5 ca. 5 Minuten oder alternativ im vorgeheizten Backofen bei 250 Grad Heißluft ca. 10 Minuten backen.

Vor dem Servieren mit Prosciutto, frischem Rucola und Parmesanspänen belegen.

ZUTATEN FÜR 3 PIZZEN

Teig
Grundteig laut Rezept (siehe S. 37)

Belag
Tomatensauce laut Rezept (siehe S. 36)
Prosciutto
frischer Rucola
Parmesanspäne

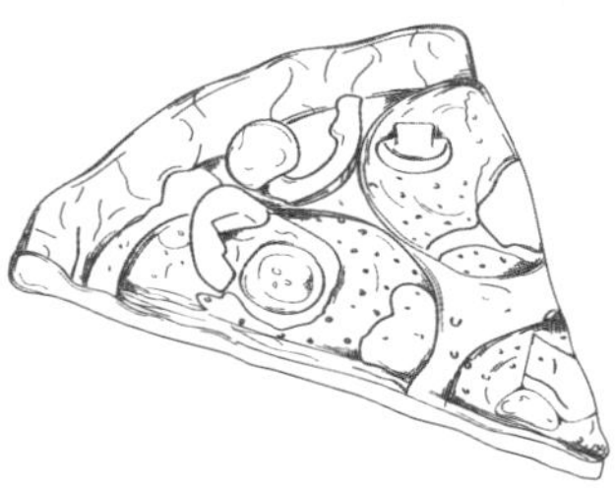

Für eine besonders knusprige Pizza lohnt sich ein Pizzaofen, wie in den Rezepten auf diesen Seiten erwähnt. Informationen zum Pizzaofen findest du per QR-Code oder auf Seite 66.

BACKEN MIT
Tipp
CHRISTINA

Für dieses Rezept wird ein Backthermometer benötigt.

MINI PIZZA FRITTA

FAST WIE IN NEAPEL

170 Grad *20 Minuten (ohne Rast- und Backzeit)*

ZUBEREITUNG

Den Teig laut Grundrezept zubereiten, anschließend in 80 g schwere Stücke aufteilen und diese zu Kugeln schleifen. Die Kugeln nochmals bei Zimmertemperatur 1–2 Stunden in einem geschlossenen Behälter rasten lassen.

Für die Fülle Ricotta und Tomatenmark vermischen und die Cocktailtomaten vierteln.

Nach der Rastzeit die Kugeln rund ausrollen, die Hälfte des Teigs mit der Mischung aus Ricotta und Tomatenmark bestreichen und mit Tomaten bestreuen. Danach zusammenklappen und die Ränder gut verschließen.

Das Öl mithilfe eines Backthermometers in einem Topf auf 170 Grad erwärmen und die Mini-Pizzen darin goldgelb backen. Vor dem Servieren abtropfen lassen und mit etwas Küchenpapier abtupfen.

ZUTATEN FÜR CA. 10 STÜCK

Teig
Grundteig laut Rezept (siehe S. 37)

Fülle
250 g Ricotta
1 EL Tomatemark
20 Cocktailtomaten

Zum Herausbacken
1 l Öl

CALZONE

LIEBLINGSPIZZA-ALARM!

250 Grad | Stufe 2,5 *35 Minuten (ohne Rast- und Backzeit)*

ZUBEREITUNG

Den Teig laut Grundrezept zubereiten, in 3 Teile teilen und diese zu Kugeln schleifen. Anschließend 3–4 Stunden rasten lassen.

Schinken und Salami in Streifen schneiden. Den Mozzarella klein- und die Tomaten in Scheiben schneiden. Den Mais abtropfen lassen. Die Teigkugeln rund ausziehen, jeweils auf einer Teighälfte die Tomatensauce verstreichen, dann Mais, Schinken- und Salamistreifen, Tomatenscheiben und Mozarella darauf verstreuen. Die Calzone zuklappen und an den Rändern gut festdrücken.

Im vorgeheizten Pizzaofen bei Stufe 2,5 ca. 5 Minuten oder alternativ im vorgeheizten Backofen bei 250 Grad Heißluft etwa 10 Minuten backen.

ZUTATEN FÜR 3 PIZZEN

Teig
Grundteig laut Rezept (siehe S. 37)

Füllung
150 g Schinken, Salami
200 g Mozzarella
15 Cocktailtomaten
60 g Mais
Tomatensauce laut Rezept (siehe S. 36)

MINI-PARTY PIZZA

FÜR DEN KLEINEN PIZZA-HUNGER

250 Grad | Stufe 2,5 *35 Minuten (ohne Rast- und Backzeit)*

ZUBEREITUNG

Den Teig laut Grundrezept zubereiten, zu 8 Kugeln formen und 2–3 Stunden rasten lassen.

Nach der Rastzeit die Kugeln rund ausziehen und mit Tomatensauce bestreichen. Den Mozzarella klein schneiden und über die Pizzen streuen. Im vorgeheizten Pizzaofen bei Stufe 2,5 ca. 5 Minuten oder alternativ im vorgeheizten Backofen bei 250 Grad Heißluft ca. 10 Minuten backen.

Nach 4 Minuten mit dem restlichen Belag belegen und fertig backen. Zum Schluss mit Basilikum verzieren.

ZUTATEN FÜR 8 MINI-PIZZEN

Teig
Grundteig laut Rezept (siehe S. 37)

Belag nach Belieben
Tomatensauce laut Rezept (siehe S. 36)
2 Kugeln Mozzarella
Schinken
Salami
Mais
Pfefferoni

Zum Verzieren
Basilikum

PIZZA PANINI

ITALIEN AUF DEM TELLER

250 Grad | Stufe 2,5 *35 Minuten (ohne Rast- und Backzeit)*

ZUBEREITUNG

Den Teig laut Grundrezept zubereiten, zu 3 Kugeln formen und 3–4 Stunden rasten lassen.

Nach der Rastzeit die Kugeln rund ausziehen, mit Tomatensauce und Olivenöl bestreichen und zusammenklappen. Im vorgeheizten Pizzaofen bei Stufe 2,5 ca. 5 Minuten oder alternativ im vorgeheizten Backofen bei 250 Grad Heißluft etwa 10 Minuten backen.

Für die Fülle die Cocktailtomaten halbieren. Danach die Pizza auseinanderklappen und mit Rucola, Burrata, Prosciutto und Tomaten belegen und wieder zusammenklappen.

ZUTATEN FÜR 3 PANINI

Teig
Grundteig laut Rezept (siehe S. 37)

Fülle
Tomatensauce laut Rezept (siehe S. 36)
Olivenöl
Cocktailtomaten
Rucola
Burrata
Prosciutto

PINSA

STÜCK FÜR STÜCK WEGGESNACKT

250 Grad *35 Minuten (ohne Rast- und Backzeit)*

ZUBEREITUNG

Am Vortag
Aus den angegebenen Zutaten einen Germteig zubereiten und diesen 24 Stunden im Kühlschrank rasten lassen.

Am Backtag
Den Teig in 2 Teile teilen, zu Kugeln schleifen und nochmals zugedeckt bei Zimmertemperatur 1 Stunde rasten lassen. Nach der Rastzeit auf einer bemehlten Arbeitsfläche die Teigkugeln jeweils rechteckig ausrollen.

Jedes Teigstück mit der Tomatensauce bestreichen und im vorgeheizten Backofen bei 250 Grad Heißluft etwa 10 Minuten backen. Vor dem Servieren mit Burrata, Rucola und Parmesanspänen belegen und mit Pizzagewürz bestreuen.

ZUTATEN FÜR 2 PINSE

Teig
300 g Wasser
400 g Pizzamehl
100 g Reismehl
10 g Salz
30 g Olivenöl
5 g frische Germ

Belag
Tomatensauce laut Rezept (siehe S. 36)
Burrata
frischer Rucola
Parmesanspäne
SONNENTOR Pizza- & Pastagewürz

SÜSSE PIZZA

EIN DESSERT MUSS SEIN

250 Grad | Stufe 2,5 *35 Minuten (ohne Rast- und Backzeit)*

ZUBEREITUNG

Den Teig laut Grundrezept zubereiten und zu 3 Kugeln formen. Danach 3–4 Stunden rasten lassen.

Die Kugeln rund ausziehen, danach 5 mal ca. 8 cm tief einschneiden und die entstandenen Teile zu „Blütenblättern" zusammendrücken.

Jetzt im vorgeheizten Pizzaofen bei Stufe 2,5 ca. 5 Minuten oder alternativ im vorgeheizten Backofen bei 250 Grad Heißluft etwa 10 Minuten backen.

Danach die heiße Pizza sofort mit der Nougatcreme bestreichen. Nach Belieben mit Minzblättern und Schwarzbeeren verzieren.

ZUBEREITUNG NOUGATCREME

Für die Nougatcreme zuerst die Schokolade über einem Wasserbad schmelzen. Die Haselnüsse im Backofen auf einem mit Backpapier belegten Backblech bei 170 Grad Heißluft 5 Minuten rösten. Danach im Zerkleinerer mit dem Staubzucker so lange zerkleinern, bis eine weiche Masse entsteht. Zum Schluss die geschmolzene Schokolade, Kakaopulver und Öl hinzufügen.

ZUTATEN FÜR 3 PIZZEN

Teig
Grundteig laut Rezept (siehe S. 37)

Füllung
150 g Nougatcreme

Nougatcreme
(1 Glas à 400 ml)
150 g Schokolade
200 g ungeschälte Haselnüsse
150 g Staubzucker
10 g Backkakao
50 g Öl

Zum Verzieren
Minzblätter
Schwarzbeeren

BACKEN MIT
Tipp
CHRISTINA

Geschlossen hält sich die selbstgemachte Nougatcreme mehrere Monate. Einmal geöffnet, könnt ihr das Glas an einem trockenen Ort bei Raumtemperatur bis zu 3 Monate aufbewahren.

Kinder

BACKEN
MIT
CHRISTINA

JAUSENBOX

GESUND SNACKEN

210 Grad *10 Minuten (ohne Rast -und Backzeit)*

ZUBEREITUNG

Für das Vollkornbrot
Aus den angegebenen Zutaten einen Germteig zubereiten und diesen ca. 30 Minuten rasten lassen.

Den Teig in eine eingefettete Kastenform geben und mit Haferflocken bestreuen. Danach im vorgeheizten Backofen bei 210 Grad Heißluft mit viel Dampf für ca. 50 Minuten backen. Anschließend das Brot gleich aus der Form nehmen, da es sonst zu „schwitzen" anfängt. Das Brot gut auskühlen lassen.

Von dem ausgekühlten Brot 2 Scheiben abschneiden und halbieren. Mit Butter bestreichen und mit Wurst und Salat belegen.

Den Käse würfelig schneiden und ebenso wie die Schwarzbeeren in kleine Förmchen füllen. Karotten schälen und in Stifte schneiden. Gurken und Paprika waschen, die Gurken in Scheiben und die Paprika in Streifen schneiden. Zum Schluss noch Cocktailtomaten hinzugeben.

ZUTATEN FÜR 1 BOX

Vollkornbrot für eine Kastenform (24 cm)
150 g Naturjoghurt
200 g lauwarmes Wasser
350 g Dinkelvollkornmehl
150 g Dinkelmehl 900
30 g Sonnenblumenkerne
30 g Sesam
10 g Salz
10 g frische Germ

Für die Form
etwas Butter

Zum Bestreuen
Haferflocken

2 Scheiben Brot
Butter
Wurst
Salatblätter
Käse am Stück
Schwarzbeeren
Karotten
Gurken
Paprika
Cocktailtomaten

SÜSSES BACKEN

ÜBER 70 REZEPTE RUND UMS BACKEN

>> über 70 Rezepte

>> 220 Seiten

>> ab September erhältlich

>> 36,90 €

„Süßes Backen“ ist mehr als nur ein Backbuch. Es ist ein Stück von mir und meiner Leidenschaft für süße Leckereien. In den letzten Jahren habe ich so viele wunderbare Rezepte ausprobiert und weiterentwickelt, und nun möchte ich diese Schätze mit euch teilen. Egal ob ihr viel oder wenig Backerfahrung habt, in diesem Buch findet ihr sicherlich Inspiration und neue Lieblingsrezepte.

Ich habe darauf geachtet, dass die Rezepte leicht verständlich und gut nachzubacken sind. Viele Rezepte sind mit Schritt-für-Schritt-Anleitungen und vielen Tipps versehen, sodass euch die süßen Kreationen ganz leicht gelingen. Und natürlich gibt es zu jedem Rezept auch wunderschöne Fotos, die euch auf süße Ideen bringen.

Von saftigen Kuchen und Torten bis hin zu himmlischen Desserts – „Süßes Backen“ bietet für jeden Geschmack etwas. Ich habe auch einige meiner persönlichen Geheimrezepte aufgenommen, die ich bisher nur mit meiner Familie und engen Freunden geteilt habe.

Besonders stolz bin ich darauf, dass „Süßes Backen“ bereits mein achtes Buch ist. Jedes Buch ist ein besonderes Projekt für mich und ich bin dankbar für die Möglichkeit, meine Leidenschaft mit euch zu teilen.

Ich kann es kaum erwarten, dass ihr mein neues Buch in den Händen haltet und die Rezepte ausprobiert. Es ist immer wieder eine Freude, eure Feedbacks zu lesen und zu sehen, wie viel Spaß ihr beim Backen habt.

Danke, dass ihr mich auf dieser Reise begleitet habt. Ohne eure Unterstützung wäre das Buch nicht möglich gewesen. Ich hoffe, dass „Süßes Backen“ euch genauso viel Freude bereitet wie mir und eure Backstube mit süßen Düften und glücklichen Momenten erfüllt.

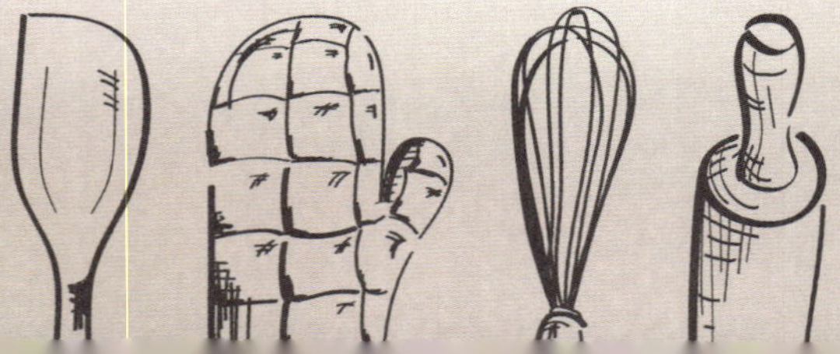

VON DER LANDWIRTSCHAFT

IN DIE HAUSHALTE

Am Anfang war die Milchzentrifuge: So könnte man wohl die Geschichte des heute weltweit bekannten Unternehmens Miele beginnen. Ich vertraue seit Jahren auf meinen Miele-Ofen – hier möchte ich euch meinen wichtigsten Küchenhelfer etwas näher vorstellen.

Am 26. Juni 2024 konnte Miele in Gütersloh, dem Firmensitz seit 1899, seinen 125. Geburtstag feiern. Wir verbinden den Namen heute mit allen Arten von Elektrogeräten, doch ganz am Anfang des 1899 gegründeten Unternehmens stand die bereits erwähnte Milchzentrifuge – also ein Produkt für die Landwirtschaft. Nach weiteren Landwirtschaftsgeräten wie etwa Melkmaschinen folgte dann 1929 mit der ersten Waschmaschine die Erweiterung des Sortiments hin zu diversen Haushalts- und Kochgeräten. Was mich dabei überzeugt, ist neben der verlässlichen Leistung auch die Tatsache, dass Miele heute den Fokus auf Energieeffizienz und Nachhaltigkeit setzt. Dafür gab es in den Jahren 2014 und 2024 sogar den Deutschen Nachhaltigkeitspreis. Beeindruckend ist übrigens, ihre außergewöhnliche Langlebigkeit und herausragende Qualität, was sie zu einer erstklassigen Wahl für Haushalte macht, die Wert auf Zuverlässigkeit und Leistungsfähigkeit legen.

„Immer besser": So lautet der Grundsatz für die Eigentümerfamilien Miele und Zinkann. Ich persönlich kann nur bestätigen, dass dieses Motto umgesetzt wird, denn jedes Mal, wenn ich ein neues Produkt ausprobiere, bin ich aufs Neue positiv überrascht. Natürlich gibt es zum Jubiläum auch etwas Besonderes, nämlich die grifflose ArtLine-Serie und Induktionskochfelder sowie eine Dunstabzugshaube in mattem Schwarz.

Für mich privat und in meiner Backwelt gilt: „Einmal Miele, immer Miele."

Ein echter Alleskönner

Alles neu: Dampfbacköfen HC Pro

Ihr wisst ja: Knuspriges Brot gehört zu meinem liebsten Gebäck überhaupt. Dafür braucht es das richtige Werkzeug. Ein optimaler Begleiter auf dem Weg zum Knusperglück sind die Geräte der DGC Pro Serie. Beim Brotbacken hört es natürlich nicht auf: Im Dampfbackofen könnt ihr außerdem ganz leicht Fisch oder Gemüse garen, Roastbeef perfekt zart werden lassen oder sogar Joghurt zubereiten. Mit der praktischen „Combigaren"-Funktion könnt ihr die einzelnen Garschritte selbst einstellen, oder einfach auf eins der mehr als 200 Automatikprogramme zurückgreifen. Bei vielen Modellen ist dabei auch gleich ein Speisethermometer integriert, damit ihr immer den Überblick behaltet. Ich möchte jedenfalls auf meinen Miele Ofen nicht mehr verzichten.

HydroClean Funktion

Mix & Match

Die neuen Miele Dampfbacköfen helfen euch sogar dann weiter, wenn beim Kochen einmal die Inspiration fehlt. Ja, wirklich: Die Miele-App liefert euch eine Auswahl und Vorschläge für bis zu drei verschiedene Zutaten, die ihr einfach in einem Vorgang zusammen garen könnt.

Immer schön sauber bleiben

Teigreste abkratzen und Flecken wegscheuern: Das macht wohl niemand gern. Und es ist bei der neuen Miele DGC Pro Serie auch gar nicht nötig, dank der Selbstreinigungsfunktion HydroClean. Ein blitzblanker Garraum, ohne dass man etwas dafür tun muss – praktischer geht es doch nicht, oder?

CHRISTINAS HERBST MENÜ

Meine Lieblingsrezepte für den Herbst

SALAT MIT HONIG-SENF-DRESSING
SPAGHETTI MIT LINSENBOLOGNESE
HONIG-GRANOLA

Fotos: Nadja Hudovernik

SALAT MIT HONIG-SENF-DRESSING

DIE SCHNELLSTE VORSPEISE DER WELT

5 Minuten

ZUBEREITUNG

Für das Dressing alle Zutaten in ein Glas mit Deckel füllen, das Glas zuschrauben und kräftig schütteln.
Den Salat waschen, die Blätter nach Belieben zerteilen und mit dem Dressing servieren.

ZUTATEN FÜR 4 PERSONEN

1 Salatkopf je nach Saison

Dressing

150 g Naturjoghurt
2 TL Senf
4 EL Gemüsesuppe
1 EL Honig
1 Prise Salz
1 Prise Pfeffer
2 EL Zitronensaft
1 EL Dill, gehackt

SPAGHETTI
MIT LINSENBOLOGNESE

PASTA? PASST!

30 Minuten

ZUBEREITUNG

Die Linsen in einem Sieb gründlich waschen. Knoblauch, Zwiebel, Karotte und Sellerie schälen, dann Knoblauch und Zwiebel klein hacken und das Gemüse in Würfel schneiden.

Öl in einer Pfanne erhitzen und die Zwiebel mit Knoblauch andünsten. Die Karotten- und Selleriewürfel dazugeben und 5 Minuten bei mittlerer Hitze mitbraten. Erst Tomatenmark und Bolognese-Gewürz (alternativ italienische Kräuter), danach passierte Tomaten, Gemüsesuppe und Linsen dazugeben. Alles zusammen aufkochen und bei mittlerer Hitze ca. 25 Minuten köcheln lassen. Mit Salz und Pfeffer abschmecken.

Die Spaghetti laut Packungsanweisung kochen, abgießen und auf 4 tiefe Teller verteilen. Die Linsenbolognese darübergeben und vor dem Servieren mit Parmesanspänen und Basilikumblättern bestreuen.

ZUTATEN FÜR 4 PERSONEN

150 g rote Linsen
1 Knoblauchzehe
1 Zwiebel
1 Karotte
1 Stange Sellerie
1 EL Olivenöl
2 EL Tomatenmark
SONNENTOR Bolognese-Gewürz
(alternativ 1 EL italienische Kräuter)
400 g passierte Tomaten
250 g Gemüsesuppe
Salz, Pfeffer

500 g BIOTASTE Hartweizengrieß-Spaghetti

Zum Bestreuen
Parmesanspäne
Basilikumblätter

Bolognese-Gewürz

Das Bolognese-Gewürz von SONNENTOR ist die Antwort auf sehr, sehr viele Pasta-Fragen. Aber auch Eintöpfen verleiht ihr damit im Handumdrehen den letzten Schliff. Pasta la vista, Hunger!
www.sonnentor.com

Backen mit Christina – Tipp

Wenn das Dessert gleich genossen wird, bleibt das Granola schön knusprig.

HONIG GRANOLA

KRÜMELIG, CREMIG, FRUCHTIG: ALLES DA

170 Grad *30 Minuten (ohne Backzeit)*

ZUBEREITUNG

Für das Granola die Butter bei mittlerer Hitze langsam schmelzen lassen, anschließend mit den restlichen Zutaten gut vermischen. Die Masse auf einem mit Backpapier belegten Backblech verteilen und im vorgeheizten Backofen bei 170 Grad Heißluft ca. 20 Minuten backen. Währenddessen das Granola ab und zu durchmischen.

Für die Creme das Schlagobers steif schlagen. Naturjoghurt mit Honig vermischen und Schlagobers unterheben.

Das Granola und die Honigcreme abwechselnd in die Gläser schichten. Mit Creme abschließen und mit Schwarzbeeren, etwas Honig und Minzblättern verzieren.

ZUTATEN FÜR 4 GLÄSER ZU JE 300 ML

Granola
100 g Butter
300 g Haferflocken
100 g gehackte Mandeln
1 Prise Zimt
130 g Honig
10 g Vanillezucker

Creme
250 g Schlagobers
250 g Naturjoghurt
20 g Honig

Zum Verzieren
Schwarzbeeren
Honig
Minzblätter

ONLINE BACKSHOP

BRAND Neu

DAMIT BACKT CHRISTINA

1

KLEINE FORMEN, GROSSE FREUDE!
MINI-HUPFFORM

2

BELLA ITALIA!
PIZZAOFEN

ZUM WARMHALTEN
SOCKEN

3

4

3ER-SET
SCHWAMMTÜCHER

5

JEDER MILLILITER ZÄHLT
MESSBECHER

1 MINI-HUPFFORM Hochwertige Antihaft-Backform – Goldline, Größe: 32,5 x 25,6 x 5 cm (Durchmesser: 5 cm), für 12 kleine Gugelhupfe **€ 26** **2 PIZZAOFEN** feuerfester lebensmittelechter Naturstein, 31,6 cm im Durchmesser. In nur wenigen Minuten wird die Temperatur auf bis zu 400° C erhitzt, wesentlich energiesparender als herkömmliche Öfen. Mit Thermostat, Timer und Signallampe, inkl. Pizzawender, 1200 Watt Leistung, Farbe: Schwarz **€ 105** **3 SOCKEN** Einheitsgröße (ca. 38-45), OEKO-TEX – Standard 100 **€ 9** **4 SCHWAMMTUCH** 3er-Set, Größe: 170 x 195 mmFarbe: grau mit schwarzem Aufdruck, waschbar bis 95 Grad in Waschmaschine sowie Spülmaschine Material biologisch abbaubar und vollständig kompostierbar **€ 6,50** **5 MESSBECHER** aus Emaille, Größe: 9 x 12 cm (Durchmesser x Höhe), Inhalt: bis zu 0,6 l, Farbe: grau/weiss, kratzfest, bis zu 450° C hitzebeständig **€ 27**